AF252632

L'UNION

DES

AMIS DE L'ORDRE

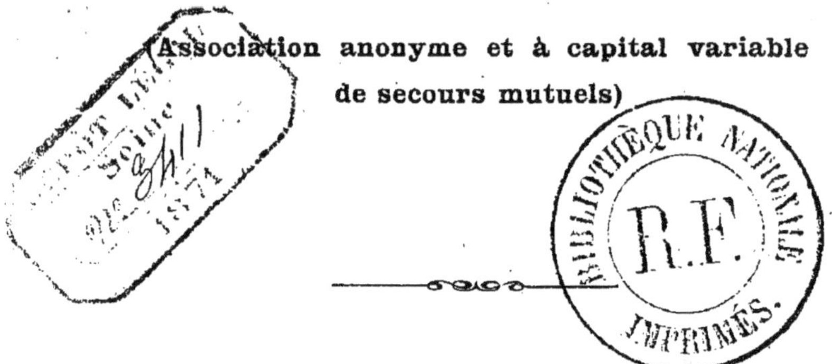

(Association anonyme et à capital variable
de secours mutuels)

Notice et Statuts

PARIS

IMPRIMERIE AUGUSTE VALLÉE

16, RUE DU CROISSANT, 16

1871

L'UNION DES AMIS DE L'ORDRE

NOTICE

I

Considérations générales

Le monde ému des récents malheurs de notre pays, demande impérieusement qu'on oppose la ligue du bien à celle du mal, et qu'on en finisse une bonne fois avec cette sinistre association dont la propagande est si funeste à la grande cause de l'humanité.

Nous ne pouvons rester plus longtemps à la merci d'une secte qui ne rêve que le désordre et ne pratique que la destruction. Encore quelques années de ce régime dissolvant, et il sera trop tard pour y remédier.

Ne nous endormons pas dans une sécurité trompeuse, parce que des lois seront votées contre l'*Internationale* et ses affiliés. Ces lois n'ont fait souvent que transformer en martyrs des bandits vulgaires, lorsque la politique s'en mêlait. Un parti prévenu leur fait volontiers des apothéoses sur des piloris.

Une triste moralité ressort pour nous de ces lamentables excès : nous avons vu des malheureux dépenser un courage stérile pour une cause désespérée. On les avait poussés à la haine pour les mieux conduire à la guerre civile ; et ils se faisaient tuer, ivres de rage et de vin, pour une idée qu'ils ne comprenaient pas, tandis que leurs chefs prudents cherchaient un asile sûr à l'étranger.

Pendant ce temps, Paris ravagé ne savait plus dans quels bras sauveurs se jeter. A la lueur des incendies, il regardait passer ces fous furieux, en se demandant s'il serait éternellement la dupe d'une poignée d'intrigants traînant à la remorque une multitude d'égarés.

Il se disait bien qu'il fallait réagir avec énergie contre ce flot toujours montant dedéclassés et de mécontents; mais personne ne prenait l'initiative de la résolution pouvant nous sauver.

Nous l'avons prise à nos risques et périls.

Et nous avons fondé l'*Union des Amis de l'Ordre.*

Que tout le monde s'y rallie. Il y va de l'avenir de notre pays, de tous les pays ; car l'*Internationale,* traquée, va se réfugier sur les points du globe où la surveillance se relâchera. C'est la guerre à outrance contre la civilisation, sous le prétexte de faux progrès.

Voyons, maintenant, quels seront nos moyens d'action.

II

Nos moyens d'action

Nous avons dit qu'il faut détruire à tout prix, dans leur germe, es éléments qui se déchaînent contre l'ordre social tout entier.

Pour cela, que faut-il faire ?

Il faut prévenir les grèves, en venant en aide aux patrons, qui soutiennent seuls une lutte disproportionnée.

Il faut favoriser le travailleur honnête, en lui donnant les moyens de devenir, à son tour, chef de maison ou d'industrie.

Tout le problème social est là.

Alors, quand les motifs de division n'y seront plus, les coalitions et les émeutes demeureront sans objet — et l'*Internationale* tombera d'elle-même devant l'indifférence des uns et le mépris des autres.

La conscience publique aura fait justice de ces théories universellement condamnées.

L'*Union des Amis de l'Ordre* a précisément pour but de faire régner la concorde dans toutes les classes longtemps divisées.

L'*Internationale* existe ;

Nous devons exister.

En France, elle compte deux cent mille adhérents, et en Europe plusieurs millions ;

Nous en compterons bientôt six cent mille chez nous et dix millions à l'étranger.

Elle puise ses ressources dans des cotisations restreintes ;

Nous trouverons les nôtres dans des contributions abondantes.

Puis, quand notre crédit sera solidement constitué pour le bien, nous ne nous souviendrons même plus qu'une association voisine existe pour le mal ; et nous poursuivrons notre œuvre de conciliation et de paix, sans autre souci que de réussir.

Plus de grèves, je le répète : Elles paralysent le commerce et compromettent l'industrie. Faisons cesser les malentendus du capital et du travail, du patron et de l'ouvrier, en constituant, s'il le faut, un jury d'honneur pour prononcer en dernier ressort et rapprocher des intérêts dont le désaccord n'est qu'apparent.

Et, comme tout ce qui ne sera pas avec nous sera contre nous, il deviendra facile de reconnaître nos véritables ennemis, les perturbateurs incorrigibles, les réfractaires et les endurcis.

Mais il nous faut un concours général pour atteindre ce but souhaité.

Notre cause est essentiellement un principe d'ordre, d'union et de prévoyance.

Que tout le monde vienne donc à nous.

III

Grèves — Coalitions — Les Patrons

Pour mieux comprendre comment on peut prévenir les grèves, il suffit de se demander comment on forme les coalitions.

Un révolutionnaire exalté ne met en rumeur tout un atelier qu'après avoir dit et prouvé que l'argent ne manquera pas aux ouvriers qui voudront le suivre.

D'où vient cet argent ?

Il sort de mauvaises caisses dont des entraîneurs gagés ont les clefs.

Le patron ne peut soutenir la lutte, s'il n'a que ses seules ressources pour y résister, et il subit souvent l'injuste pression qui le ruine, faute de moyens d'action suffisants.

Pour égaliser les chances et laisser le succès au droit, nous fournirons au patron qu'on attaque l'irrésistible argument qui doit le sauver. Puisque c'est une force brutale qu'on oppose à toutes les bonnes raisons qu'il invoque, nous lui donnerons la force brutale. — Argent contre argent.

Alors les meneurs y regarderont à deux fois avant de se risquer, quand les armes de la défense égaleront celles de l'agression.

Mais laissons ce sujet qui blesse. J'aime mieux en revenir à mon idéal de conciliation.

Plus de grévistes et plus de grèves, plus de coalitions et de coalisés ; il n'y a que des intérêts communs à servir.

Pour bien les servir, il faut d'abord les accorder.

Rien n'est plus facile.

J'y pourvois par l'association.

Ce mot comporte la véritable ligue du bien public. Je ne veux voir qu'une grande famille, unie par des liens indissolubles d'estime et de solidarité réciproques, et régie par des lois librement acceptées. La menace de ceux-ci tombera ; ceux-là n'auront plus à subir de pression ; — et la vie industrielle créera du bien-être profitable à chacun, et des parts seront faites à tous les courages et à tous les risques, dans la proportion des concours prêtés.

Cette fois, quand les travailleurs de toutes les conditions auront éprouvé l'influence salutaire de notre œuvre, ils s'accoutumeront à se dire que l'*Internationale* n'était qu'une dangereuse abstraction.

Et l'*Internationale* aura vécu.

IV

Les Ouvriers

Nous avons exposé nos vues en ce qui touche les patrons.
Reste l'ouvrier.

Il a son profit, plus large encore, dans la répartition de nos bienfaits ; il trouvera, dans l'*Union des Amis de l'Ordre*, les appuis matériels et moraux dont il a besoin.

Nous le prendrons au début de sa carrière laborieuse pour le conduire jusqu'à la fin.

L'enfant recevra de nous ou par nous les premiers éléments de l'instruction sans lesquels il ne sera jamais qu'un paria dans la soc té.

Nous l'aiderons, plus tard, dans l'apprentissage du métier qu'il aura choisi.

Plus tard encore, s'il a fait preuve d'intelligence et d'application, nous lui ferons l'avance de ses outils, et nous le garantirons contre les chômages et les accidents de toute sorte dont sa longue carrière est remplie.

Enfin, s'il s'en est montré digne, nous faciliterons son établissement, par l'ouverture d'un crédit spécial.

Et nous l'aurons émancipé.

Dans chaque centre principal, nous organiserons des concours pour reconnaître et récompenser les mérites. Des prix de bonne conduite seront distribués aux ouvrières, aux apprentis, aux travailleurs, partout où de louables efforts seront signalés.

Cette émulation fortifiante fera plus pour l'ordre et le travail que toutes les menaces des lois répressives.

On ne déteste pas une mère qui a des sollicitudes égales pour ses enfants.

V

Nos adhérents en général

Nous avons parlé des patrons et des ouvriers qui trouveront, auprès de nous, des avantages bien partagés.

Quel profit tireront de notre œuvre ceux qui n'appartiennent à aucune de ces principales catégories ?

Nous leur apporterons l'ordre général.

Qu'on soit de la petite ou de la grande bourgeoisie, employé, rentier ou propriétaire ; qu'on soit banquier ou capitaliste ; qu'on représente la classe moyenne ou la classe élevée — toujours, partout on doit souhaiter que la concorde soit dans nos rangs.

Chaque révolution nouvelle cause des perturbations dont on

est longtemps à se relever, comme si nous ne comprenions pas que le progrès lent est plus profitable et plus sûr.

Avec les moyens dont nous disposons, nous convertirons facilement les égarés. Quant aux entraîneurs coupables, nous les abandonnerons aux rigueurs des lois.

Jusqu'à présent, grâce à des promesses qui sont des mirages, on a pu soulever des masses dont le sort était incertain. Nous ne voulons que personne souffre, pour que personne n'ait la tentation de s'insurger.

Quand la multitude se plaint, elle appartient au premier venu qui l'exploite et l'entraîne follement à soulever le pavé des rues. Le lendemain, elle s'aperçoit qu'elle est plus malheureuse que la veille — et c'est toujours à recommencer.

Eh bien! nous voulons précisément corriger ce mal et conjurer tous ces dangers.

VI

Comités et Sous-Comités

Pour atteindre le but que nous poursuivons et qui demande le concours empressé des honnêtes gens, nous nous adresserons surtout aux influences locales.

Dans chaque centre, dans chaque ville, village ou bourg, nous créerons des Comités de patronage, correspondant avec des Comités d'arrondissement, qui relèveront à leur tour du Comité central de Paris.

Ils traiteront individuellement de toutes les affaires qui dépendront de leur ressort.

Des Sous-Comités les aideront de leur propagande incessante, en multipliant les adhésions.

Ce sera comme un vaste réseau, s'étendant partout, pour conjurer le mal en le prévenant.

VII

Récompenses honorifiques

Un jour prochain, nous pourrons peut-être (quand notre association aura produit ses premiers fruits) faire attribuer des récompenses honorifiques à ceux qui, de près ou de loin, auront mis leur dévouement au service de la grande cause de l'Ordre par le travail et l'application.

Indépendamment des médailles qui seront distribuées aux membres les plus méritants, les gouvernements de tous les peuples unis ne refuseront pas de concourir à cette œuvre de bien général, en accordant, sur notre demande, des distinctions qu'on sera fier de porter dans ces conditions inusitées.

Patrons, ouvriers, souscripteurs, adhérents honoraires, personnel effectif, tous les Sociétaires pourront y prétendre, après des efforts au profit commun.

Les distributions seront provoquées par les soins d'un comité spécial, après enquête, pour éviter des erreurs ou des priviléges.

VIII

Conclusions

L'Union des Amis de l'Ordre est fondée. Il ne lui manque plus que des adhésions assez nombreuses pour fonctionner efficacement.

Nous adressons donc un chaleureux appel aux hommes de cœur de tous les pays.

Et la société sera sauvée !

Envoyer les adhésions

A M. LE DIRECTEUR DE *L'UNION DES AMIS DE L'ORDRE*

23, rue Drouot, à Paris.

STATUTS

STATUTS

DE

L'UNION DES AMIS DE L'ORDRE

Association anonyme et à capital variable
de secours mutuels

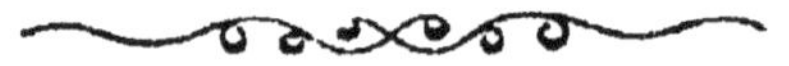

*GENÈVE est le grand foyer d'Action
de l'INTERNATIONALE.*
*GENÈVE devait être le siége de l'as-
sociation des AMIS DE L'ORDRE.*

TITRE PREMIER

Nature, objet et composition de l'Association; son
fonds social, son siége, ses succursales.

ARTICLE PREMIER.— Il est formé entre monsieur Jean-Amable-Eugène Rochetin, rentier, demeurant à Paris, 23, rue Drouot, soussigné, et les personnes qui adhéreront aux présents Statuts, une Association de secours mutuels, sous la dénomination de *l'Union des Amis de l'Ordre.*

ART. 2. — L'Association a pour but :

Premièrement, de prévenir les grèves en venant au secours des patrons adhérents qui en seraient victimes ;

Deuxièmement, d'aider largement l'ouvrier dans son existence laborieuse au moyen :

1° D'une branche d'assurances contre les accidents de toute nature qui pourront l'atteindre, et qui, en cas de maladie ou de repos forcé, fera face à tous frais de médecin et de médicament, et lui assurera, en outre, une paye quelconque, ultérieurement fixée par le Comité d'administration ;

2° D'une branche d'assurances contre le chômage par suite d'incendie d'abord, et ensuite, s'il est possible après que la question aura été mûrement examinée et dans un temps qui ne peut par conséquent être fixé, contre tout chômage généralement quelconque pouvant fortuitement survenir, sauf, bien entendu, les cas de force majeure qui pourront être raisonnablement prévus ;

3° D'une branche d'assurances mobilières le garantissant de tout dégât d'incendie, par voie de polices individuelles ou collectives, à son choix ou à celui de ses patrons, si ses patrons l'assurent eux-mêmes ;

4° D'une caisse de prêts lui faisant des avances, soit pour acheter des outils et lui donner ainsi les moyens de travailler, soit pour lui permettre de s'établir s'il peut donner des garanties de moralité suffisantes, et devenir ainsi patron à son tour.

5° D'une caisse de prévoyance constituant à l'ouvrier après un délai donné, délai variant selon l'âge, le tempérament, la profession, soit une petite rente viagère, soit un petit capital dont il pourra disposer à son gré.

Enfin, l'Association se réserve toute latitude pour agir dans le bien de l'ouvrier ou des patrons et généralement dans le bien de ses membres honoraires et effectifs, au moyen de toutes opérations, contrats, combinaisons de toute espèce de nature à atteindre largement ce but.

Art. 3. — L'Association comptera dans son sein deux sortes d'adhérents :

1° Les membres honoraires devenus protecteurs de l'œuvre au moyen des versements exigés d'eux ;

2° Les membres effectifs.

ART. 4. — Les membres honoraires pourront participer dans les avantages accordés par l'Association aux membres effectifs s'ils effectuent les versements demandés aussi à cette classe de sociétaires.

ART. 5. — Un règlement d'administration déterminera les conditions d'admission et les ordres de distinction créés en vue d'honorer les membres sur lesquels le Comité d'administration fera porter son choix. Ce règlement sera soumis à l'approbation de la première assemblée générale.

ART. 6. — Tout adhérent aux présents statuts et aux règlements du Comité ne pourra bénéficier des avantages de l'Association que six mois après son admission.

ART. 7. — Tout adhérent qui, pendant une année, aura cessé d'opérer les versements demandés par le Comité d'administration, cessera de plein droit d'en faire partie à l'expiration même de cette année, sans qu'il soit besoin d'aucune notification ni mise en demeure quelconque.

ART. 8. — Le fonds social se compose de toutes les cotisations qui seront versées dans la caisse de l'Association par les membres honoraires et les membres effectifs, comme condition et justification de leur admission.

ART. 9. — L'Association pourra être constituée lorsque par l'adhésion de cinquante membres honoraires au moins, ayant versé la totalité de leurs cotisations, soit chacun une somme de cinquante francs au minimum, le fonds social se trouvera porté à la somme de deux mille cinq cents francs, sans rien préjuger sur l'extension ultérieure de l'Association, le chiffre de deux mille cinq cents francs ci-dessus n'étant que le point de départ du premier capital.

Art. 10. — Le fonds social sera augmenté par des versements successifs faits volontairement par les membres de l'Association ou par des versements résultant de l'admission de nouveaux membres, comme aussi il pourra être diminué par le fait de la retraite ou de la déchéance d'anciens sociétaires.

Art. 11. — Le siége de l'Association est à Genève. Des succursales seront établies en France, ainsi que dans ses colonies et dans toutes les capitales et villes de l'Europe et du Nouveau-Monde, au fur et à mesure de l'extension des opérations de l'Association.

TITRE II

Administration

Art. 12. — L'Association est administrée par un Comité d'administration de sept membres au moins et de douze au plus, nommés en assemblée générale et pris parmi les membres honoraires protecteurs de l'œuvre.

Le premier Comité de l'Administration sera nommé par les cinquante premiers membres honoraires réunis en assemblée générale.

Art. 13. — Le Comité d'administration se renouvelle par quart, d'année en année. Pendant les quatre premières années de l'Association, les membres sortants seront désignés par la voie du sort. L'ancienneté déterminera ensuite l'ordre de sortie.

Les membres sortants sont toujours rééligibles.

Art. 14. — Lorsque, par suite de décès ou de toute autre cause, le Comité se trouvera réduit à moins de sept membres dans l'intervalle des élections, le Comité pourra combler les vacances par l'adjonction de membres provisoires qui jouiront des mêmes obligations, jusqu'au moment de la prochaine assemblée générale.

Art. 15. — Dans le cas de démission de tous les membres du Comité ou de réduction du Comité pour une cause quelconque à moins de cinq membres, une assemblée générale sera convoquée dans le délai d'un mois, par les soins du président de l'Association pour reconstituer le Comité.

Les sociétaires élus en remplacement des membres du Comité qui n'auraient pas atteint le terme de leurs fonctions, ne seront nommés que pour le temps pendant lequel ces derniers devraient rester en exercice.

Cette restriction n'est pas applicable au cas de renouvellement intégral du Comité.

Art. 16. — Le Comité d'administration nomme dans son sein un Président et un Vice-Président.

La durée de leurs fonctions est d'une année ; ils peuvent être réélus.

En l'absence du Président et du Vice-Président, la présidence appartient de droit au plus âgé des membres présents.

Le Directeur de l'Association remplit les fonctions de secrétaire auprès du Comité.

Art. 17. — Le Comité d'administration se réunit au siége de l'Association ou au local qui aura été par lui fixé, toutes les fois que l'intérêt de l'Association l'exige et, autant que possible, une fois par mois.

Il peut être convoqué extraordinairement par le Président ou par le Directeur.

Pour qu'une délibération soit valable, cinq membres doivent y assister.

ART. 18. — Le Comité d'administration statue sur :

Les demandes d'admission ;

Les déchéances encourues par les sociétaires ;

Les droits aux secours et les demandes d'assistance en général ;

Il arrête le chiffre des cotisations et des versements à effectuer ;

Il est juge de la quotité et de l'opportunité des secours en général que l'Association doit à ses membres ;

Il nomme, délègue et révoque, sur la proposition du Directeur général, tous les agents et autres employés de l'Association, soit à Genève, soit à l'étranger ;

Il fixe leurs traitements, salaires, gratifications, et, s'il y a lieu, eur cautionnement ;

Il accepte les dons et legs faits à l'Association et la représente dans tous les actes de la vie civile ;

Il autorise tous retraits, transferts, aliénations de fonds, rentes et valeurs appartenant à l'Association ;

Il autorise tous prêts hypothécaires, achats, ventes ou échanges d'immeubles ; il consent, avant ou après payement, la main-levée et la radiation partielle ou définitive de toutes inscriptions hypothécaires ou priviléges, de toutes oppositions, saisies et autres empêchements quelconques ; il consent la cession de toute priorité d'hypothèque ou de privilége ;

Il fait les règlements particuliers et les réglements généraux de l'Administration ;

Il désigne chaque mois les administrateurs qui devront être de service et délègue un ou plusieurs de ses membres pour signer, conjointement avec le Directeur, les actes concernant l'Association ;

Il arrête tous baux, toutes locations et en fixe le prix et les conditions ;

Il règle les comptes et arrête les budgets de l'Association ;

Il prend toutes les mesures d'ordre et d'administration que peuvent exiger l'intérêt des membres de l'Association, le bon emploi de ses ressources et sa prospérité générale.

En un mot, le Comité d'Administration a les pouvoirs les plus étendus pour agir au mieux des intérêts qui lui sont confiés, et donner à l'Association tous les développements qu'elle peut comporter dans la limite des présents statuts.

Art. 19. — Les délibérations du Comité sont prises à la majorité des membres présents. En cas de partage, la voix du président est prépondérante.

TITRE III

Direction

Art. 20. — Les affaires courantes de l'Association sont gérées sous l'autorité et la responsabilité du Comité d'administration, par un Directeur général qui est nommé par ce Comité, et qui peut être révoqué par l'Assemblée générale.

Art. 21. — Le Directeur peut s'adjoindre plusieurs Sous-Directeurs, un par chaque branche d'opérations faites par l'Association, avec l'agrément du Comité d'administration.

Art. 22. — Il est alloué au Directeur général un traitement fixe annuel arrêté par le Comité d'administration.

Art. 23. — En cas de maladie, empêchement ou absence du Directeur général, il est remplacé temporairement par un Administrateur ou bien encore par un Sous-Directeur désigné par lui, et cela dans les limites et dans les conditions fixées par le Comité d'administration.

Art. 24. — Le cas de révocation excepté, le Directeur a la faculté de présenter un successeur à la désignation du Comité d'administration.

Art. 25. — Le Directeur assiste avec voix consultative aux délibérations du Comité d'administration ; il est chargé de l'exécution de ses délibérations.

Il effectue les recettes et les dépenses et conduit les travaux des bureaux.

Il propose au Comité la nomination et la révocation des représentants, des agents et employés de la Société ; il peut les suspendre jusqu'à décision du Comité d'administration.

Il signe la correspondance générale et tous les actes de l'Association.

Art. 26. — Le Directeur ne répond que de l'exécution de son mandat et ne contracte, à raison de ses fonctions, aucune obligation personnelle ou solidaire.

Art. 27. — Par dérogation à l'article 20, M. Eugène Rochetin, sus-dénommé, l'un des fondateurs de l'Association, en est le Directeur général.

TITRE IV

Assemblées générales et extraordinaires

Art. 28. — Il y aura chaque année, dans l'intervalle compris entre le 15 avril et le 15 juin, une assemblée générale de tous les membres honoraires de l'Association. Cette assemblée sera annoncée quinze jours à l'avance par lettres adressées individuellement à chaque membre.

Art. 29.— Les assemblées générales auront lieu, soit à Genève, soit dans toute autre ville qui sera indiquée par le Comité d'administration.

Art. 30. — Les délibérations de l'assemblée générale sont prises à la majorité relative des voix des membres présents et constatées par des procès-verbaux signés du Président et du Secrétaire.

Les délibérations de l'Assemblée générale obligent tous les membres honoraires et effectifs de l'Association.

Art. 31. — Indépendamment de l'assemblée générale annuelle, l'assemblée générale pourra être convoquée extraordinairement par le Comité d'administration.

Il pourra, en outre, être tenu des assemblées générales dites extraordinaires, réunissant à la fois les membres honoraires et les membres effectifs dans un but spécialement déterminé et en dehors du domaine administratif.

Art. 32. — Dans l'intervalle des réunions annuelles de l'Assemblée générale, le Comité d'administration est investi du droit de consentir les changements que les gouvernements jugeraient nécessaires d'apporter aux propositions ou projets quelconques adoptés par elle.

Art. 33. — Le Comité d'administration présente à l'Assemblée générale annuelle le compte rendu de l'état de l'Association, des recettes et dépenses de l'année écoulée, ainsi que la situation du fonds social. Il dépose sur le bureau, à l'appui de son rapport, toutes les pièces s'y rattachant.

Des commissaires vérificateurs présentent, de leur côté, à la même Assemblée générale annuelle, leur rapport sur la situation de l'Association, sur le bilan et sur les comptes présentés par les Administrateurs. La délibération, contenant approbation des comptes et du bilan, est nulle si elle n'a pas été précédée du rapport des Commissaires.

Après avoir statué sur le compte rendu, l'Assemblée procède au remplacement des membres du Comité d'administration et de ceux qui auraient déjà cessé d'en faire partie, pour quelque cause que ce soit. Elle désigne les Commissaires vérificateurs pour l'exercice suivant.

Art. 34. — La première Assemblée générale sera composée des cinquante premiers membres souscripteurs honoraires.

Art. 35. — Les présents statuts pourront toujours être modifiés par l'Assemblée générale composée comme il est dit ci-dessus et sur la proposition du Comité d'administration seulement.

TITRE V

Durée. — Continuation. — Dissolution. — Liquidation.

Art. 36. — La durée de l'Association est fixée à trente années consécutives, à partir du jour où elle aura été régulièrement constituée par une première assemblée générale.

Art. 37. — A l'expiration du terme fixé pour la durée de l'Association, l'Assemblée générale statue d'après le mode indiqué en l'article 30, sur sa liquidation ou sur sa continuation.

Art. 38. — En cas de dissolution de l'Association, le onds social sera réparti entre tous les membres honoraires et effectifs qui, à ce moment, en feront partie, déduction faite de toutes les charges, obligations et engagements de l'Association, soit vis-à-vis de ses membres, soit à l'égard des tiers.

Cette répartition aura lieu entre les membres honoraires et effectifs, sur le pied de la plus complète égalité et proportionnellement à leur nombre total au jour de la dissolution.

Art. 39. — Sous la réserve expresse des avantages particuliers que l'Association a pour but d'assurer par contrat spécial à ses membres, ceux-ci ne pourront transmettre à des tiers, par voie d'aliénation, de succession, de donation ou autrement, les droits que leur confère leur qualité de membres de l'Association.

TITRE VI

Contestations. Juridiction.

Art. 40. — Toutes contestations entre l'Association et les membres qui en font partie, au sujet des affaires sociales, pendant sa durée ou sa liquidation, seront jugées par un ou trois arbitres, sous la réserve de l'appel, si l'appel a été réservé par l'une des parties au moment de leur nomination.

Art. 41. — En cas de contestation sur la nomination des arbitres, ceux-ci seront nommés par le Tribunal de Commerce de Genève, au greffe duquel la sentence sera déposée.

Art. 42. — Tout membre de l'Association sera considéré comme ayant fait élection de domicile à Genève, et toutes notifications et significations seront valablement faites au domicile élu, sans avoir égard à la distance du domicile réel.

A défaut d'élection de domicile, elle sera censée faite de plein droit pour les notifications judiciaires au parquet de M. le procureur général de la République et canton de Genève.

Ce domicile élu formellement ou implicitement entraînera attribution de juridiction aux tribunaux de Genève.